अभिव्यञ्जना

AF519643

डॉ० राजीव रंजन

BookLeaf Publishing
India | USA | UK

Copyright © डॉ० राजीव रंजन
All Rights Reserved.

This book has been self-published with all reasonable efforts taken to make the material error-free by the author. No part of this book shall be used, reproduced in any manner whatsoever without written permission from the author, except in the case of brief quotations embodied in critical articles and reviews.

The Author of this book is solely responsible and liable for its content including but not limited to the views, representations, descriptions, statements, information, opinions, and references ["Content"]. The Content of this book shall not constitute or be construed or deemed to reflect the opinion or expression of the Publisher or Editor. Neither the Publisher nor Editor endorse or approve the Content of this book or guarantee the reliability, accuracy, or completeness of the Content published herein and do not make any representations or warranties of any kind, express or implied, including but not limited to the implied warranties of merchantability, fitness for a particular purpose.

The Publisher and Editor shall not be liable whatsoever...

Made with ❤ on the BookLeaf Publishing Platform
www.bookleafpub.in
www.bookleafpub.com

Dedication

मेरे माता-पिता,

मेरी नन्ही परियां--- त्विषा व तनिष्का---

एवं

उन तमाम शब्दों के मर्म-सौंदर्य को समझने-सराहने वालों को

समर्पित!

Preface

अभिव्यञ्जना मेरी कविताओं का संग्रह है, जो मेरे जीवन के अनुभवों और भावनाओं का प्रतिबिंब है। इन कविताओं में मैंने जीवन के भिन्न-भिन्न पहलुओं, जटिलताओं और सुंदरता को शब्दों में पिरोने का प्रयास किया है।

कविता मेरे लिए स्वांतः सुखाय आत्म-अभिव्यक्ति का एक माध्यम है, जिससे मैं अपने विचारों और भावनाओं को व्यक्त करता रहता हूँ। **अभिव्यञ्जना** के माध्यम से मैं अपने पाठकों के साथ जुड़ने और उन्हें अपनी कविताओं के माध्यम से प्रेरित करने की आशा करता हूँ।

मुझे उम्मीद है कि **अभिव्यञ्जना** पाठकों के दिलों में एक नई भावना और सोच को जन्म देगा ...

Acknowledgements

मैं अपने माता-पिता, परिवार के सदस्यों, मित्रों और चंद विशेष व्यक्तियों का हार्दिक आभार व्यक्त करना चाहूंगा जिनकी प्रेरणा से मैं अपनी भावनाओं को समय-समय पर छंदों में व्यक्त करता गया और आज उनका यह संग्रह **अभिव्यञ्जना** के रूप में संभव हो पाया है।

मैं उन सभी, ख़ासकर मेरे फ़ेसबुक के मित्रों, का दिल से आभारी हूँ जिन्होंने समय-समय पर मेरी इन रचनाओं को पढ़ा और अपनी प्रतिक्रियाओं से मुझे लगातार प्रोत्साहित करते रहे। आप सब की प्रतिक्रियाओं, सुझाव और अनवरत समर्थन ने मुझे इस संग्रह को पुस्तक के रूप में लाने के लिए प्रेरित किया।

मुझे पूर्ण विश्वास है कि **अभिव्यञ्जना** को भी मेरी रचनाओं की ही भांति आपका पूरा प्यार एवं समर्थन प्राप्त होगा ...

1. कलियुग में कृष्ण

जो कलियुग में आते तुम कृष्ण;
कितने कंस, चाणूर का वध करते?
हर चौक-चौराहे खड़ा दुस्सासन;
किस-किस कृष्णा का चीर बनते?

मईया मिलती सोनिया-सुप्रिया;
देवकी-यशोदा बिन कैसे तुम रहते?
बाबा मिलते तुम्हें दिग्गी-मल्लिकार्जुन;
वसुदेव-नंद बिन वासुदेव कहां होते?

कारागार में कैमरे की निगरानी;
वसुदेव कैसे तुम्हें नंदगांव ले चलते?
पूतना नहीं, तुम्हें ममता ले जाती;
सोंचो संहार इसका तुम कैसे करते?

छींका नहीं, ना माखन घर में;
माखन-चोर तुम्हें फिर कैसे कहते?
बांस नहीं, फिर बंसी कैसे बनती;
मुरलीधर तुम्हें हम कैसे कहते?

झाग भरी इन यमुना जी में;
कालिया का मर्दन तुम कैसे करते?
वृन्दावन में रोमियो-रोधी दस्ता;
यहां रासलीला अब तुम कैसे करते?

पार्थ-सा नहीं पात्र जगत में;
गीता-ज्ञान फिर तुम किसको देते?
अश्वथामा तो मिल भी जाते;
गंगापुत्र बिन तुम्हारे प्रण क्या होते?

बाण नहीं, युग मशीनगन का;
जरा वार तेरे अंगुष्ठ पर ही कैसे होते?
जल-समाधि में द्वारका नगरी;
द्वारकाधीश तुम्हें सब कैसे कहते?

अच्छा है, तुम द्वापर में ही आए;
वर्ना दाऊद को क्या तुम दाऊ कहते?
टेलर, फेयोल, ड्रकर के इस दौर में;
प्रबंधन गुरु अब हम तुम्हें कैसे कहते?

2. वक़्त

वक़्त भी क्या चीज़ दुनिया में,
अपने ही पराए आज हो गए;
नाज़ किया करते थे जिन पर,
आज बलंद परवाज़ हो गए।

कल तक जो थे रंग सुहाने,
आज जहां में दाग़ हो गए;
गुरूर किया करते थे जिन पर,
आज सुपुर्द-ए-ख़ाक हो गए।

जिन हाथों ने चलना सिखाया,
हाथ आज वो बेकार हो गए;
कल तक जिसने हम को ढोया,
आज वो हम पर भार हो गए।
वक़्त भी क्या चीज़ दुनिया में!

3. हिन्दी

हर लब, बज़्म और महफ़िल
की आन है हिन्दी;
मोहब्बत मेरी हर एक भाषा
मगर मेरी ज़ान है हिन्दी।

हर रंग, रूप, भाषा को जोड़ने का
समाधान है हिन्दी;
हमारा ग़ौरव व अभिमान राष्ट्र का
सम्मान है हिन्दी।

बीस ही नहीं, जगत को पूरे जो दे
ज्ञान है हिन्दी;
अखिल विश्व को कुटुंब का जो दे
मान है हिन्दी।

महज़ भाषा नहीं यह, जगत में अपनी
पहचान है हिन्दी;
सभ्यता, संस्कृति, विज्ञान का उद्ग़म
क्षमा व दान है हिन्दी।

एक पत्थर में भी जो डाल दे प्राण
वो है हिन्दी;
कण-कण में भी देखे जो भगवान
वो है हिन्दी।

उद्घोष करे जो विश्व का कल्याण
है हिन्दी;
रेणु, दिनकर, प्रेम, निराला से पहचान
है हिन्दी।

4. बिहारी

बोझ नहीं, हर बोझ पर जो
ख़ुद पड़ता हरदम भारी है,
हर विपदा, हर मुश्किल
हरदम जिससे हारी है;
समर आहूति में जिसकी
भुजा गंगा को बलिहारी है,
ज़िद के जिसके आगे
यह प्रकृति भी हारी है;
पर्वत को भी धूल बना दें
वो दशरथ मांझी धूंधारी है,
जिसके दर पर याचक
बने त्रेता के अवतारी हैं,
जनक है वो, दुहिता जिसकी
वैदेही सुकुमारी है;
परमार्थ को दधीचि बन
अपनी अस्थियां भी वारी है,
मित्रधर्म को कुरुक्षेत्र में
कवच-कुंडल न्योछारी है;
त्याग के जिसके आगे
हर वैभव संपदा हारी है;

गुरु गोविंद, बुद्ध है वो;
और महावीर अवतारी है,
शून्य, दशमलव, गणतंत्र
दे दुनिया नई संवारी है;
जिसकी खुली शिखा भी
होती पूरी सेना पर भारी है;
अर्थशास्त्र का ज्ञान जो दे
वो कौटिल्य अधिकारी है,
कभी रेणु, कभी दिनकर;
कभी विद्यापति, भिखारी है,
वो और नहीं कोई
बस सिर्फ़ एक बिहारी है!

5. बेबाक़

क्यों ना आज़ कुछ बेबाक़ लिखा जाए?
दिमाग़ की छोड़, सिर्फ़ दिल की सुन...
कड़वे ही सही, क्यों ना चन्द अल्फाज़ लिखा जाए?
सब चांद को खूबसूरत कहते हैं...
क्यों ना चांद पे है दाग़ भी लिखा जाए?
लोग मन की बात तो करते हैं...
कितने मन से करते हैं, क्यों ना यह देखा जाए?
नक्कालों से सावधान लोग कहते हैं...
कितने ख़ालिस चेहरे यहां क्यों ना आंका जाए?
तालीम का ज़िक्र तो सब करते हैं...
कभी हुनर की भी तो क्यों ना सोचा जाए?
झूठ को सच, सच को झूठ लोग करते हैं...
कितने झूठ को झूठ कहने वाले क्यों ना देखा जाए?
जन्नत की चाह तो सब करते हैं...
कितने हैं मरने को तैयार क्यों ना परखा जाए?
आज़ क्यों ना कुछ बेबाक़ लिखा जाए?

6. मैं समय हूं

मुझसे नहीं है बच सका कोई,
कितना भी ताकतवर हो या ज्ञानी।
मैं समय हूं, मुझसे डरा करो;
सबका हिसाब रखता हूं ऐ प्राणी!

ना मैं किसी का, ना ही मेरा है कोई;
यहां सारे रिश्ते-नाते हैं बेमानी।
तू कितनी भी कर ले चतुराई,
एक दिन सब कुछ यहीं है चुकानी!

मुझे वश में करने का भ्रम ना कर,
बेवफ़ा हूं मैं, नामुमकिन है हाथ आनी;
मैं कल भी था, आज हूं, कल भी रहूंगा;
तेरी तो है बस चार दिनों की जिंदगानी!

7. बादल

कभी बहा कर लाती हैं,
कभी उड़ा ले जाती हैं;
बादलों संग हवाएं तो
कुछ यूं पेश आती हैं।

धरा की बेचैनी ना नभ,
ना ही पवन समझता है;
एक बादल ही तो है जो
ज़मीं का दर्द समझता है।

पवन संग रहना मज़बूरी
कुदरत की रीत निभाता है;
पर आते-जाते भी बादल
भू पर आंसू बहा जाता है।

8. सावन को आने दो

कहीं बादल, कहीं बिजली, कहीं बारिश है आ जाए;
हिना की लाली, हरियाली; जहां देखो नज़र आए!
हर दिल में प्रेम, हो उल्लास; ना उदासी कहीं छाए;
काश! इस बार सावन कुछ इस तरह झूम कर आए!

कहीं बेला खिले हों तो कहीं चटकीं चमेली की कलियां;
हैं बागों में पड़े झूले, वो कहती-फिरती हैं तेरी सखियां!
नहीं! एक बार शहर अपना ना फ़िर से वेनिस बन जाए;
काश! कुछ ऐसा हो के सावन इस क़दर झूम कर आए!

कहीं अभिषेक हो रूद्र का, कहीं पूजन वासुकी का;
हो पावन समस्त परिवेश, आराधन से यह शिव का!
रक्षाबंधन के साथ ही बस इसकी पूर्णाहुति हो जाए;
काश! हर बार सावन कुछ इस क़दर झूम कर आए!

9. अपना-अपना चंदा

चंदा की किस्मत क्या न्यारी,
चमके हर आंगन अटारी।
रैना संग, फिर भी वो तन्हा;
मिल न सकें वो एक पल लम्हा।
तारों संग खेले अटखेली,
फिर भी चंदा तन्हा, रात अकेली।
शांत सुघर लागे है फिर भी,
समेटे उदर सागर गहराई।
दागदार, पर बेदाग है,
जाने कैसी है ये खुदाई।
हर छत-आंगन में भी चंदा,
आंगन-आंगन जैसे वृंदा
सबका अपना-अपना चंदा,
फिर भी केवल एक है चंदा!

10. चाय

कभी काली, कभी गेंहुवनी;
फिर भी नाज़नीन लगती है,
लबों से लगा लेने दो इसे,
मुझे बड़ी हसीन लगती है।

रुत चाहे जो भी हो,
सब में रंगीन लगती है;
हर महफ़िल में भी
एक यही शालीन लगती है।

जितनी बार मिले यह
नित नवीन लगती है;
बेशुमार लबों से लग कर भी
नहीं चरित्रहीन यह लगती है।

प्याले, ग्लास या कुल्लढ़ में
सबकी शौकीन लगती है;
बिना दूध और शक्कर भी
नहीं कभी गमगीन लगती है।

कोई पूछे ना फ़िर तो
बड़ी तौहीन लगती है;
मुझे अब पी लेने दो यारों,
यह चाय बेहतरीन लगती है।

11. कारागार में गीता

कारागार में जा कर गीता पढ़ें,
और बाहर रहकर देते हैं गाली;
मदिरा पान कर महल में सोते
पर बातें करते हरिश्चन्द्र वाली!

क्षण उतराएं, क्षण गोता खाएं,
वृत्ति नहीं एक-सी रहने वाली;
गिरगिट को भी मात है करती,
अद्भुत कला रंग बदलने वाली!

करम प्रधान विश्व करी राखा,
मानते हैं ऐसा प्रबुद्ध नर-नारी;
चाहे जितना भी जतन कर लो
कर्म की गति नहीं टलने वाली!

गीता-रामायण पहले पढ़े होते,
नहीं होती कभी दुर्गति तुम्हारी;
ईडी अगर लग जाए जो पीछे,
काल बदलना है अवश्यंभावी!

12. बाग़-ए-बयान

दो नयनों के एस और सी बैंड एंटेना से, दिल के डॉप्लर रडार पर,
भावनाओं का मौसम भांप लेते हैं!
मौसम वैज्ञानिक नहीं, कवि हैं ज़नाब; दिल की गहराई में दफ़न हर
राज़ बस एक नज़र में आंक लेते हैं!

****

हर मुश्किल से दो हाथ करने का तजुर्बा रखते हैं;
ज़िन्दगी जीने का कुछ तो हुनर हम भी रखते हैं!

****

न जाने क्यों लोग हमें बेपरवाह कहते हैं;
हम तो कांटों में गुलाब की तरह रहते हैं!

****

इतना आसान नहीं है इस दुनिया को समझ पाना राजीव;
शेर कहो तो खुश,जानवर बोलो तो खफा हो जाते हैं लोग!

****

तूफ़ानों सैलाबों में भी, है उसने दरिया पार किया;
छोड़ा मांझी,पकड़ा पतवार; ख़ुद तूफ़ां से दो-चार किया!

****

कपोतों का ना दौर रहा अब, तो कोयल ही को बना के डाकिया;
भेजा किए पैग़ाम-ए-उल्फ़त हमने, उसने फ़ोन से जो था तौबा किया!

13. हम हिन्दी हैं, जानी!

हम झण्डे पर चांद नहीं लहराते,
हम तो चांद पर हैं झण्डे लहराते!
सत्रह बार परास्त शत्रु की भी
जान खैरात में हैं बक्श जाते।
श्वेत कपोत भी हम हैं उड़ाते,
शिमला में सब बाज़ हैं आते;
बिना अस्त्र-शस्त्र के ही हम
गलवान भी खाली करा जाते।
सवा लाख से एक हैं लड़ते,
उरी का बालाकोट हम करते;
हम हिन्दी हैं, जानी!
हमारी तो फिदरत ही है अलग;
हम तो आग की होली खेले बिन
इस जहां से कूच भी नहीं करते!

14. होली के बहाने

आओ! पतझड़ के इस मौसम में,
यादों की धुँध से थोड़ा बाहर आएं;
मुट्ठी में रेत से फिसलते जीवन में,
गिले-शिकवों की होलिका जलाएं!

देखो! माधव के स्वागत में,
कैसे धरा पीले कालीन हैं बिछाएं
नव-रंग में मग्न ऋतुराज,
यही समय है, निरखि चैता गाएं!

चलो! फाल्गुन के महीने में,
रंगों से थोड़ा ताल्लुक़ात तो बढ़ाएं;
अब होली के बहाने ही सही,
जीवन में चन्द रंग सुहाने तो सजाएं!

15. ज़िंदगी

ज़िंदगी! तूने मुझे क्या-क्या ना सिखाया?
पथिक था मैं एक भटका
तूफ़ानों से घिरे कश्ती जैसा
जिसे कोई रास्ता नज़र ना आ रहा हो
बस चारों तरफ तूफ़ान-ही-तूफ़ान हो
मगर शुक्र है! तूने रास्ता दिखाया
वो जोश, वो जज़्बा, वो जुनून जगाया
ज़िंदगी! तूने मुझे क्या-क्या ना सिखाया?

तम झेलना, ग़म झेलना
तुफां से लड़ना, ख़तरों से खेलना
पर्वतों को झुकना, वो दरिया को सुखाना
हर चक्रव्यूह को वो तिनके सा उड़ाना
चट्टानों पर भी पदचिन्ह छोड़ जाना
और बर्बादियों का भी ज़श्न मनाना
यह सब तो मुझे तुने ही सिखाया
ज़िंदगी! तूने मुझे क्या-क्या ना सिखाया?

जब थे बुझ चुके आशा के सब दीप
निशा थी ऐसी काली

ना कभी ख़त्म होने वाली
था छाया घनघोर अंधेरा
ना नज़र आ रहा था सवेरा
अरे! वो तो तूने आंधियों में रौशन
एक चिराग़ करना सिखाया
ज़िंदगी! तूने मुझे क्या-क्या ना सिखाया?

16. अभिलाषा

कुछ ऐसा करो यह जीवन अहो,
नहीं मेरी, सब तेरी इच्छा से हो!
बस छोटी-सी मेरी कामना यही,
स्वीकार करो, यदि रूष्ट ना हो!

आरम्भ तो हो, पर अन्त ना हो;
चंचल मन इतना स्वतंत्र ना हो!
खुशी की बहुत अभिलाषा नहीं;
ग़मों से नाता भी कम तो ना हो!

अगर रिपु कोई, अरिहंत हम हो;
मगर मन में कोई षड्यंत्र ना हो!
बस चाहत अपने जीवन में यही;
कुछ ऐसा करो यह जीवन प्रभो!

17. फ़िर एक और...

लगता है, लग रहा है;
पर लगेगा नहीं कि
ज़िंदगी के सफ़र में,
वक्त के घोड़े पर सवार
फ़िर एक और साल बीत गया!
देखते ही देखते
जीवन के बंधन का
एक और धागा भी टूट गया।
यह सच है, उम्र थोड़ी और बढ़ गई;
छोटा भी तो हो गया ज़िंदगी का सफ़र।
अब उम्र बढ़ने का मने जश्न
या शाम होने का हो मलाल;
खड़ा यक्ष-प्रश्न यह,
किंकर्तव्यविमूढ़ सा मैं;
ख़ुद ही ख़ुद से पूछूं यह सवाल।
ऐसे में दिल के किसी कोने से
एक आवाज़ है आती
अच्छा है, थोड़ा ही सही;
यह सफ़र कुछ और छोटा,
बंधन भी कमज़ोर तो हुआ;

परिंदे का पिंजड़े से आज़ादी की ओर
एक कदम और तो बढ़ा!

18. थोड़ा-सा इंतज़ार

क्षितिज पर डूबते सूरज की लाली
जाते-जाते भी कुछ कह जाती है;
जब उजाला ही नहीं ठहर सका,
तो अंधियारा ये कब तक टिकेगा?

समय है,आज़ वक्त के हाथों हूं मजबूर;
रोको ना मुझे, अभी जाने दे;
ज़रा सब्र कर, कर थोड़ा-सा इंतज़ार;
कल मेरा ही होगा, रख इतना ऐतबार।

ये वादा रहा, क्षितिज भी यही होगा;
होंगे यही धरती-अम्बर भी साक्षी;
लौट कर फिर एक बार आऊंगी कल,
बस ये काली रैना तो ज़रा बीत जाने दे।

19. ज़िंदगी की कहानी

कुछ ऐसी ज़िंदगी की कहानी बने,
हर पल की ऐसी रवानी बने।
गम-खुशी में न फ़र्क जहां महसूस हो,
हर पल बस उसकी मेहरबानी लगे।

कुछ ऐसी ज़िंदगी की कहानी बने,
कोई मीरा या राधा दीवानी बने।
रूह का रूह से वो नाता बने,
जैसे मीरा मोहन की दीवानी बनी।

गिले-शिकवे की चिल्मन न दरमयां रहें,
ज़ाम साक़ी के संग मैखाने ज्यों रहें।
मोहब्बत की ऐसी निशानी बने,
कुछ ऐसी ज़िंदगी की कहानी बने!

20. हैप्पी न्यू ईयर!

कैसे हमें हो मुबारक, जो है ही नहीं हमारा;
गैरों के संस्कार नहीं होते आर्यों को गंवारा!
उत्थान कहें कैसे, जो जड़ों से करे किनारा,
कैसे मानें उसे अपना जो है ही नहीं हमारा!

धुंध है, ठिठुरन है; लागे मातमी ये नज़ारा;
खरमास में सब सूना, सर्दी में गिरता पारा!
बेज़ान सी धरती, लगता बेरंग ज़हां सारा;
ऐसे में भला कोई कहीं जश्न लगता प्यारा!

आर्यावर्त में नववर्ष का है होता अद्भुत नज़ारा;
उल्लासमय प्रकृति, बाग़-बाग़बान बसंती सारा!
नव रंग-तरंग से प्रस्फुटित फाल्गुनी हर गलियारा;
चैत्र शुक्ल प्रतिपदा ही होता नववर्षारंभ हमारा!

21. मां! क्षमा करो!

मां! क्षमा करो!
हम तेरे अपराधी;
पड़ोसी ने हमसे लिया छीन,
पाक अधिकृत कश्मीर और अक्साई चीन।
तू रही मौन अश्कों को पी कर;
करुण पीड़ा समेटे अपने ज़िगर
अधरों को सिया, उफ़ तक भी ना किया;
ना ही पूछा, ऐ भारत-वंशजो!
तूने यह सब सहन कैसे किया?
क्या छत्रपति को भूल गए तुम,
या भगत-सुभाष की कुर्बानी?
क्या है तेरे खून में आजाद की गर्मी,
या बन चुका बहते दरिया का पानी?
ज़िस्म है तेरा लहू-लुहान,
मस्तक पर तेरे जो लाली है;
सिंदूर नहीं, है रूधिर तेरा;
तेरे आहत हृदय की बयानी है।
तुझे अपना एक वादा था
तेरा रक्षक बनूंगा, तेरी सेवा करूंगा;
पर निभाता सके एक भी वादा,

हम हुए वचन भंग के आदि;
फिर भी मां! क्षमा करो!
हम तेरे अपराधी!